L'EXTINCTION

DE LA

DETTE PUBLIQUE

ET LA

RETRAITE POUR TOUS

PARIS

PRIMERIE NOUVELLE (ASSOCIATION OUVRIÈRE)

11, RUE CADET, 11

—

1893

L'EXTINCTION

DE LA

DETTE PUBLIQUE

ET LA

RETRAITE POUR TOUS

Le Gouvernement, toujours soucieux du bien-être général, s'est occupé de la situation du prolétaire, au moment de la vieillesse, et il a créé une Caisse de retraites pour les ouvriers. L'idée est belle, mais le fonctionnement est-il pratique ?

On a fortement critiqué et présenté de nombreuses objections à ce sujet, entre autres, celles-ci :

Croyez-vous que l'ouvrier puisse économiser ?

Le voudra-t-il ? Et, en supposant qu'il soit arrivé à économiser seulement 10 centimes par jour pour se faire une retraite, étant donné les difficultés administratives, il lui faudra, pour opérer son versement à la Caisse des retraites, perdre une demi-journée de travail ; il lui faudra subir les ennuis et les longueurs de l'attente à un guichet, et cela suffit pour compromettre la réussite des caisses de retraites populaires.

C'est cette situation qui a attiré mon attention et m'a fait chercher un moyen sûr et pratique de mener à bonne fin cette question des retraites et de lui imprimer une immense impulsion.

Si l'on se reporte aux journaux de 1890, à l'époque où les agences de courses pullulaient dans Paris, on verra que ces journaux avaient constaté, pour Paris seulement, une recette journalière de 1,200,000 francs, ce qui donnait au bout de l'année environ 410,000,000 de francs. (Aujourd'hui le chiffre du Pari mutuel, constaté *offfciellement* pour 1892, est de 228,500,000 francs.)

Cette situation, du reste, attira l'attention du Gouvernement qui supprima ces agences, véritables sangsues de l'épargne, sans profit pour le peuple. Ce n'était certes pas l'amélioration de la race chevaline, qui intéressait l'ouvrier ; c'était l'appât du gain.

De ce fait, j'ai conclu que si on offrait à l'ouvrier une combinaison lui donnant les mêmes chances de gain sonvent répétées, *tout en lui conservant son capital*, il lui donnerait la préférence, puisqu'elle lui permettrait de satisfaire son goût pour le jeu, tout en économisant des rentes pour sa vieillesse.

Cette combinaison permettrait à l'État d'établir sa Caisse de retraites sans faire aucun sacrifice ; bien au contraire, il pourrait amortir sa dette d'environ DOUZE MILLIARDS tous les cinquante ans.

L'Assistance publique verrait ses dépenses diminuer dans de notables proportions, puisque la plupart des vieillards qui sont aujourd'hui à sa charge seraient retraités, et de ce fait elle pourrait créer de nouveaux établissements pour l'enfance abandonnée.

Cette combinaison consiste dans la création par l'État d'une valeur à lots, spéciale, émise toutes les semaines et participant à un tirage dont la totalité des lots formerait une somme de 2,400,000 francs.

En mettant ce titre à 1 franc, l'État en placera facilement 624,000,000 par an. C'est, en nous basant sur les chiffres obtenus par les agences de courses, pour Paris seulement, un chiffre qui n'a rien d'exagéré, puisqu'il n'augmente même pas de moitié pour la France et l'étranger, le chiffre de 410,000,000 constaté plus haut.

Je dirai même qu'il sera beaucoup dépassé ; mais, pour rester dans une bonne moyenne, nous établirons nos calculs sur ce chiffre.

Je ferai d'abord observer que cette valeur tient à la fois du billet de loterie et de la valeur à lots :

Du billet de loterie, en ce qu'elle ne peut participer qu'à un tirage ; de la valeur à lots, en ce que les trois quarts (soit 75 centimes), sont capitalisés au compte du titulaire pour lui former une retraite à cinquante, cinquante-cinq ou soixante ans à son choix.

C'est donc un système complètement neuf, n'ayant absolument rien de commun avec l'ancienne loterie, puisqu'il ne réalise aucun bénéfice particulier et qu'à part les frais qu'il nécessite, l'argent du titre est acquis à la Caisse des retraites. Ces frais, je les ai estimés, en supposant l'affaire bien conduite à 25 0/0.

D'un autre côté, on ne saurait élever l'objection que les lois de 1832 et 1836 sur les loteries sont violées. Ces lois n'ont été faites que pour protéger l'épargne qui allait s'engloutir dans les caisses des compagnies concessionnaires de la loterie, sans aucun profit pour le peuple.

Ici, bien au contraire, l'épargne est assurée, il est permis à tous de se faire des rentes viagères pour la vieillesse et si l'État y trouve un bénéfice, c'est celui que les compagnies d'assurances sur la vie y trouvent, avec cette différence que l'État présente des garanties que les compagnies ne peuvent donner.

L'État opère sur une masse considérable ; par conséquent, mortalité plus grande, il aura encore pour lui les titres égarés avant l'inscription, les lots non réclamés et les 25 0/0 sur les billets dépassant le chiffre de 520 millions sur lequel les calculs ont été faits, etc., etc.

Le fonctionnement de cette opération serait très simple et pourrait être ainsi compris :

Le lundi, les titres sous forme de carnets à souches seraient remis aux vendeurs (bureaux de tabac, de poste, etc.)

Ces vendeurs ont toute la semaine pour la vente, le samedi suivant à minuit, la vente de cette série est arrêtée ; tous les talons, qui sont reliés en carnets devront, pendant la semaine suivante, faire retour au siège central et y être réglés ; tous les titres non vendus sont relevés et oblitérés, de manière que, si un de ces titres venait à sortir au tirage, ce soit au bénéfice de l'État, et enfin, le dimanche suivant, on fait le tirage des lots.

Un exemple fera mieux comprendre.

Une série de titres n° 1 est mise en circulation le dimanche 2 novembre par exemple, elle est arrêtée le dimanche 9 novembre et tirée le dimanche 16 novembre ; la série n° 2 aura été émise le 9 novembre et ainsi de suite.

Une fois les lots gagnants connus, les porteurs de cette série inscrivent au dos de leurs titres : leurs noms, prénoms, le numéro de leur inscription sur le registre des retraites et les envoient par la poste au siège central avec une double enveloppe toute préparée à leur adresse pour le retour.

Au siège central, on fait l'inscription des titres contenus dans l'enveloppe, on les vise et on les retourne à leurs propriétaires dans l'enveloppe préparée à cet effet ; du reste, si le titulaire ne voulait pas les envoyer par la poste, il est libre d'attendre qu'il en ait une certaine quantité pour aller les faire inscrire lui-même. Naturellement, il y aurait une entente à faire avec les postes pour obtenir la franchise.

Les étrangers pourraient prendre des titres, mais ils

ne seraient pas admis à l'inscription pour la retraite; ils donneraient ou vendraient leurs titres, et les preneurs étrangers seraient nombreux, car il y a bien peu d'opération de ce genre donnant autant de lots et tirée aussi régulièrement. J'ai compris l'opération avec une seule combinaison, celle du capital à fonds perdu sur une seule tête; mais rien ne s'oppose à ce que la Caisse des retraites ne continue celles qu'elle fait actuellement.

En admettant 52 tirages par an, l'État aurait peut-être à faire l'avance d'une partie des 124,800,000 de francs composant les lots qui pourraient se répartir ainsi toutes les semaines :

4 lots de	50.000 fr.	=	200.000 fr.
8 —	25.000	—	200.000
100 —	10.000	=	1.000.000
100 —	5.000	=	500.000
500 —	1.000	=	500.000
Totaux . 712 lots		=	2.400.000 fr.

soit pour un an 37,024 lots représentant une somme de 124,800,000 francs.

Il faut maintenant envisager la question des frais.

Fabrication des titres...............	520.000 fr.
Remises aux vendeurs...............	520.000
Appointements des employés pour le service complet (dix mille à 3,000 fr.)	30.000.000
Soit.........	31.040.000 fr.
A ajouter pour les lots détaillés d'autre part........................	124.800.000
Total.........	155.840.000 fr.

Soit, en chiffres ronds,   000 francs.

Il faut étudier maintenant le côté financier au point de vue des avantages que l'État pourrait en retirer.

Pour la 1re année :

Produit de la vente des titres.......... 624.000.000 fr.
Déduction des frais calculés à 25 0/0... 156.000.000

Reste......... 468.000.000 fr.

Que l'État aura à convertir en rente.
La 2e année, nous aurons un capital... 468.000.000 fr.
Intérêts calculés à 5 0/0.............. 2.340.000
A ajouter le produit net des ventes de
titres 468.000.000

Total à la fin de la 2e année... 959.400.000 fr.

A la 10e année le capital constitué en rentes sur l'État serait en chiffres ronds de 5,862,146,000 francs (cinq milliards huit cent soixante-deux millions cent quarante-six mille francs.

En réalité, on ne devrait commencer à payer des retraites qu'au bout de 25 ans, et alors le capital constitué serait de 21 milliards 916 millions, produisant un intérêt de 1 milliard 095 millions : mais on peut supposer qu'à la dixième année on aurait déjà des retraites à payer, c'est pour cela que nous ne compterons plus l'intérêt dans la capitalisation ; nous n'y ferons entrer que le produit de la vente des titres, toujours calculé sur le chiffre de 468 millions, tous frais payés, et nous laisserons les intérêts pour payer les rentes.

Au bout de la vingt-cinquième année, le capital serait en chiffres ronds de 12,882,146,000 francs (douze milliards huit cent quatre-vingt-deux millions cent quarante-six mille francs), placés en rentes sur l'État et rapportant une somme de 644,107,300 francs.

A la mort du retraité, l'État devient propriétaire du capital ; on peut donc supposer que, vingt-cinq ans après l'ouverture des retraites, l'État n'aurait plus à servir comme pensions que quelques milliers de francs.

C'est-à-dire qu'en moins de cinquante ans l'État serait propriétaire d'environ 13 milliards qu'il pourrait employer soit à l'amortissement de sa dette, ou à tout autre usage qu'il jugerait convenable. Je dis 13 milliards car il ne faut pas perdre de vue que l'intérêt du capital des retraités morts se capitalise jusqu'au jour où l'État anéantit la dette.

Je n'entrerai pas dans les détails des opérations financières auxquelles l'État pourra se livrer, avec les fonds de la Caisse des retraites ; mais il n'aura plus à faire d'emprunts et par contre à payer les frais énormes qu'ils lui coûtent et qui seraient d'après un rapport autorisé de plus de 25 0/0.

Devenu, par suite du rachat de sa rente, son propre créancier, il lui sera facile, à un moment donné, de faire un emprunt à cette Caisse.

Je laisse en dehors la question de la différence du taux de 3 0/0 à 5 0/0 qui se trouve compensée

1° Par l'aliénation du capital ;

2° Par la suppression des frais d'emprunt ;

3° Le calcul des retraites est celui publié par la Caisse nationale des retraites qui fonctionne actuellement, la *différence* de 2 0/0 reste donc à l'État.

Une conséquence de ce système sera d'imprimer une nouvelle impulsion au commerce, à l'industrie et surtout à l'agriculture par suite de la rareté du titre de rente que le public devra remplacer par des valeurs industrielles et agricoles.

J'ajouterai encore, qu'en vingt-cinq ans, ce système aura versé en lots 3,120,500,000 francs, qu'il aura faite vivre un nombreux personnel et, comme je l'ai déjà dit plus haut, l'argent versé par le public n'est perdu, ni pour lui, ni pour le pays ; et c'est là une grosse question à envisager, car actuellement les loteries d'Italie et celle de Hambourg nous soutirent des sommes considérables ; avec ce qui est versé aux compagnies d'assurances suisses, anglaises et américaines, mieux organisées (en apparence du moins) que les nôtres, ces sommes peuvent se chiffrer par des centaines de millions. Pour le public, c'est un placement, puisqu'il se constitue une retraite.

C'est également une œuvre moralisatrice, car, en ce qui concerne la majeure partie des prolétaires, l'argent qui sera employé à l'achat d'un titre sera économisé sur celui qui aurait été dépensé au cabaret, et si l'ouvrier achète ce titre, ce n'est pas qu'il songe à la retraite ; non, il a l'espérance de gagner un lot et d'améliorer sa situation. C'est tellement vrai, que beaucoup d'employés de l'État ne feraient pas le versement réglementaire à la Caisse des retraites s'ils n'y étaient forcés par la retenue d'office qu'on prélève sur leurs appointements.

Voilà pourquoi il est nécessaire de stimuler le peuple par une chance de gain pour le rendre prévoyant.

Un de nos députés les plus éminents à qui j'exposais rapidement ce projet, en 1890, me faisait remarquer qu'il y avait une certaine immoralité en ce qu'il permettait à quelques-uns de gagner de l'argent sans travailler.

Mais si nous considérons ce qui se passe actuellement, partout nous voyons le jeu installé : valeurs à lots, loteries dites de bienfaisance, roulettes déguisées en jeu dits de villes, de nations, petits chevaux, etc., etc.

Notre système rentre dans les valeurs à lots, le tirage est contrôlé par l'Etat, et là au moins le public ne sera pas volé et il conservera son capital. Il permet encore à des milliers de malheureux d'espérer des jours meilleurs, et il leur enlève le souci de la misère de la vieillesse. C'est donc faire œuvre de charité que d'accorder cette consolation aux nombreux déshérités de la vie, au lieu de les en priver au nom de la morale.

Il est encore une garantie d'ordre et de stabilité dans

la politique du pays ; ceux qui espèrent jouir d'une retraite restent généralement tranquilles ; il est présumable que si les ouvriers qui se mettent en grève avaient la certitude d'une retraite, ils y regarderaient à deux fois avant de cesser le travail. Il sera encore une garantie pour les employés des compagnies qui pourraient demander que les retenues qui leur sont imposées soient versées à cette Caisse.

Ce système sera certainement appliqué tôt ou tard, soit par la France, soit par un autre pays, parce qu'il est pratique.

Mais si c'est un autre État qui le réalise avant nous, il sortira de France des sommes considérables qui iront se convertir en billets au profit de l'étranger.

Pour que l'Etat n'ait absolument rien à débourser, le nombre de titres à émettre tous les ans devra être de 624 millions, soit pour une population de quarante millions d'habitants, environ seize titres par habitants et par an. Ce chiffre n'a rien d'exagéré : il sera certainement atteint et même dépassé ; et dans ce cas, l'Etat gagnerait 25 0/0 puisque les frais n'augmenteraient pas.

Rien ne s'opposerait non plus à ce que l'Etat ne fît entrer dans cette caisse celle de la retraite de ses employés et celles de l'armée.

Actuellement, en supposant un employé âgé de vingt-deux ans, jouissant d'un traitement de 1,800 francs, il verse tous les ans 90 francs ; ce qui, en prenant *les tarifs de la Caisse nationale des retraites*, tableau n° 3, lui constitue une retraite d'environ 1,199 francs à 60 ans.

L'Etat pourrait doubler cette retraite en faisant quelques modifications au système actuel. Ainsi, tout en continuant à retenir le 5 0/0 du traitement, il pourrait de son côté verser à la Caisse des retraites une somme égale, ce qui lui ferait augmenter, en apparence, les traitements de 5 0/0, mais, en réalité cette augmentation serait à peu près nulle puisque l'argent est versé à la Caisse et cette augmentation serait compensée par plusieurs avantages.

En reprenant l'exemple cité plus haut, si l'État verse de son côté 5 0/0, au lieu de 1,199 francs, l'employé toucherait une retraite de 2,038 francs ; il y a encore la question des veuves ; mais rien n'empêche d'accorder à l'employé, lorsqu'il se marie, de dédoubler son capital acquis au moment du mariage, en calculant les intérêts cumulés à 4 0/0, et à reporter cette somme sur la tête de la femme.

Ainsi un employé âgé de trente-deux ans, ayant dix ans de service, épouse une femme de vingt ans, s'il a versé 180 francs au moment de son mariage, il aura à la Caisse des retraites une somme d'environ 2,010 francs on dédoublera le capital, soit 1,005 francs qui seront inscrits sur la tête de la femme, et le versement mensuel se fera, moitié sur la tête du mari, moitié sur la tête de la femme, et cela aura bien son avantage, car souvent il arrive qu'un employé ou un militaire ayant cinquante ans et plus, sur le point d'avoir sa retraite, épouse une jeune femme et, à cet âge, a dit un docteur célèbre, on a toujours des enfants ; il s'ensuit une charge pour l'État, qui, au moment de la mort du mari, doit continuer la retraite à la femme et à ses enfants.

Aujourd'hui, l'État paye à ses pensionnaires militaires, marins et civils environ 230 millions, et il paraît que l'État ne perd pas dans cette opération, puisqu'une maison de banque, la maison Rothschild, aurait proposé de prendre à sa charge le payement des retraites et de les augmenter. Elle offrait de continuer le traitement des employés, tel qu'il se trouvait au moment de la mise à la retraite, à la condition qu'elle toucherait les retenues opérées sur les traitements.

Le système actuel a des conséquences fâcheuses ; surtout aujourd'hui, où le mode de recrutement et les mœurs administratives ne sont plus du tout les mêmes que celles qui existaient, au moment où la loi sur les retraites a été votée. Il fait de l'employé un esclave. En effet, y a-t-il quelque chose de plus triste et de plus contraire à la liberté humaine que de voir un malheureux employé rivé à son administration pendant vingt-cinq ou trente ans par la peur de perdre sa retraite.

S'il s'y plaît, très-bien ; mais s'il ne s'y plaît plus, si sa santé en souffre, si ses facultés baissent, s'il est en butte à des petites tracasseries, si, en un mot, il veut se retirer, il ne le peut pas sans abandonner ses droits à la retraite. Il a travaillé pendant quinze ou vingt ans pour un salaire modique, en raison même de cette garantie de retraite, il a abandonné une partie de son traitement ; il n'a que cela pour vivre ; s'il s'en va, il perd tout. Est-ce sa faute ?

A côté de cela, il y a la contre-partie : le mauvais serviteur, le fonctionnaire devenu incapable, qui ne peut être congédié sans injustice : il a des droits acquis. Des deux côtés, la liberté est donc entravée, et cela au détriment de la bonne marche du service ; le système est donc vicieux.

En laissant à l'employé la faculté de se retirer et de continuer les versements qui lui donnent droit à la retraite, l'Etat tranche la difficulté et l'employé peut se faire la retraite qu'il désire.

Victor BOMPARD,

Agent général de colonisation,

71, rue de Courcelles (Levallois-Perret).

PARIS. — IMPRIMERIE NOUVELLE (ASSOCIATION OUVRIÈRE), 11, RUE CADET.

A. MANGEOT, DIRECTEUR. — 1034-93.

www.ingramcontent.com/pod-product-compliance
Lightning Source LLC
Chambersburg PA
CBHW061219050726
47594CB00008B/3721